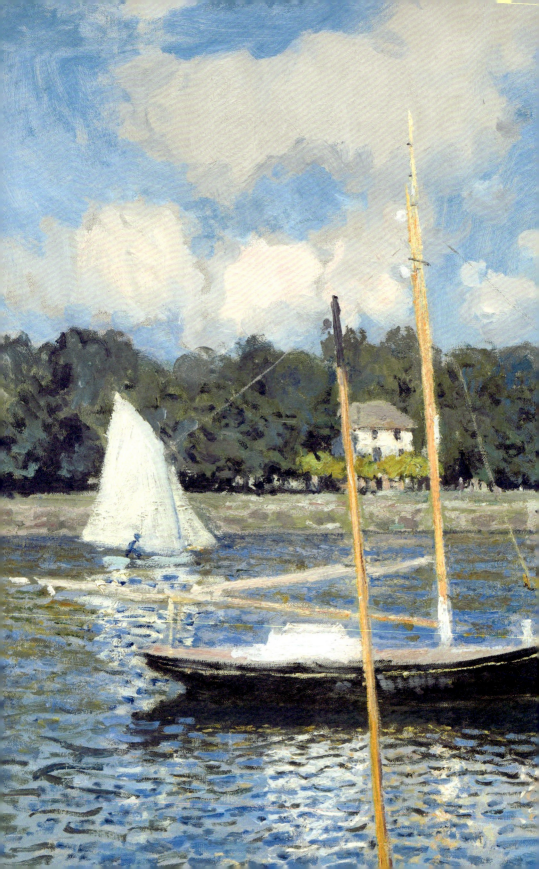

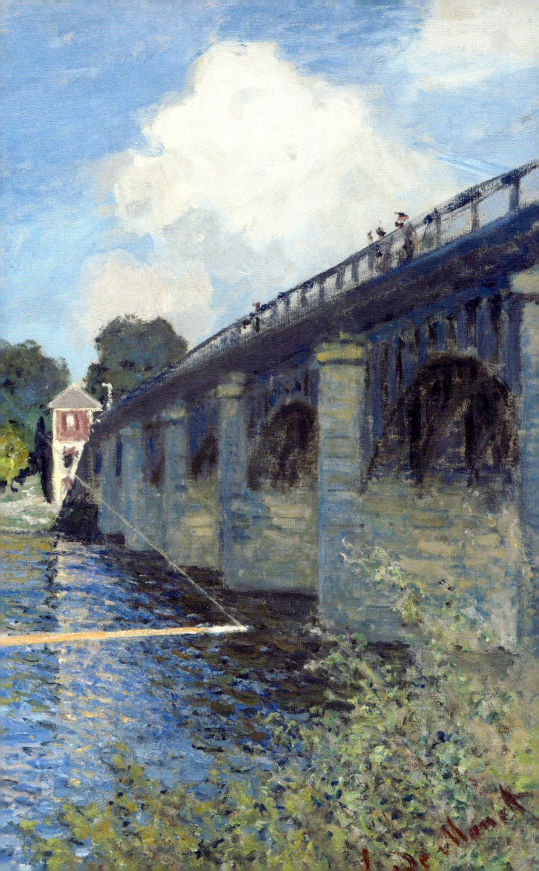

北大名师讲科普系列
编委会

编委会主任： 龚旗煌
编委会副主任： 方　方　马玉国　夏红卫
编委会委员： 马　岚　王亚章　王小恺　汲传波
　　　　　　　孙　晔　李　昀　李　明　杨蕙璇
　　　　　　　陆　骄　陈良怡　陈　亮　郑如青
　　　　　　　秦　蕾　景志国

丛书主编： 方　方　马玉国

本册编写人员

编　　著： 董　强
核心编者： 王　刚　黄永芳　刘影子
其他编者： 张　明　杨　兵　胡湘华　李琳琳
　　　　　　王　冰

北大名师讲科普系列

丛书主编　方方　马玉国

北京市科学技术协会
科普创作出版资金资助

探知无界
中日法文化艺术之互鉴

董强　编著

图书在版编目（CIP）数据

探知无界：中日法文化艺术之互鉴 / 董强编著 . -- 北京：北京大学出版社，
2025.1. -- （北大名师讲科普系列）. -- ISBN 978-7-301-35336-3

Ⅰ . G11-49

中国国家版本馆 CIP 数据核字第 2024NX2992 号

书　　　　名	探知无界：中日法文化艺术之互鉴 TANZHI WUJIE：ZHONG-RI-FA WENHUA YISHU ZHI HUJIAN
著作责任者	董　强　编著
丛 书 策 划	姚成龙　王小恺
丛 书 主 持	李　晨　王　璠
责 任 编 辑	李　晨
标 准 书 号	ISBN 978-7-301-35336-3
出 版 发 行	北京大学出版社
地　　　　址	北京市海淀区成府路 205 号　100871
网　　　　址	http://www.pup.cn　　新浪微博：@ 北京大学出版社
电 子 邮 箱	编辑部 zyjy@ pup.cn　总编室 zpup@ pup.cn
电　　　　话	邮购部 010-62752015　发行部 010-62750672　编辑部 010-62704142
印 　刷 　者	北京九天鸿程印刷有限责任公司
经 　销 　者	新华书店
	787mm × 1092mm　　16 开本　　7.5 印张　　72 千字 2025 年 1 月第 1 版　2025 年 1 月第 1 次印刷
定　　　　价	48.00 元

未经许可，不得以任何方式复制或抄袭本书之部分或全部内容。
版权所有，侵权必究
举报电话：010-62752024　电子邮箱：fd@pup.cn
图书如有印装质量问题，请与出版部联系，电话：010-62756370

总　序

龚旗煌

（北京大学校长，北京市科协副主席，中国科学院院士）

科学普及（以下简称"科普"）是实现创新发展的重要基础性工作。党的十八大以来，习近平总书记高度重视科普工作，多次在不同场合强调"要广泛开展科学普及活动，形成热爱科学、崇尚科学的社会氛围，提高全民族科学素质""要把科学普及放在与科技创新同等重要的位置"，这些重要论述为我们做好新时代科普工作指明了前进方向、提供了根本遵循。当前，我们正在以中国式现代化全面推进强国建设、民族复兴伟业，更需要加强科普工作，为建设世界科技强国筑牢基础。

做好科普工作需要全社会的共同努力，特别是高校和科研机构教学资源丰富、科研设施完善，是开展科普工作的主力军。作为国内一流的高水平研究型大学，北京大学在开展科普工作方面具有得天独厚的条件和优势。一是学科种类齐全，北京大学拥有哲学、法学、政治学、数学、物理学、化学、生物学等多个国家重点学科和世界一流学科。二是研究领域全面，学校的教学和研究涵盖了从基础科学到应用科学，从人文社会科学到自然科学、工程技术的广泛领域，形成了综合性、多元化的布局。三是科研实力雄厚,学校拥有一批高水平的科研机构和创新平台,包括国家重点实验室、国家工程研究中心等,为师生提供了广阔的科研空间和丰富的实践机会。

多年来,北京大学搭建了多项科普体验平台,定期面向公众开展科普教育活动,引导全民"学科学、爱科学、用科学",在提高公众科学文化素质等方面做出了重要贡献。2021年秋季学期,在教育部支持下北京大学启动了"亚洲青少年交流计划"项目,来自中日两国的中学生共同参与线上课堂,相互学习、共同探讨。项目开展期间,两国中学生跟随北大教授们学习有关机器人技术、地球科学、气候变化、分子医学、化学、自然保护、考古学、天文学、心理学及东西方艺术等方面的知识与技能,探索相关学科前沿的研究课题,培养了学生跨学科思维与科学家精神,激发学生对科学研究的兴趣与热情。

"北大名师讲科普系列"缘起于"亚洲青少年交流计划"的科普课程,该系列课程借助北京大学附属中学开设的大中贯通课程得到进一步完善,最后浓缩为这套散发着油墨清香的科普丛书,并顺利入选北京市科学技术协会2024年科普创作出版资金资助项目。这套科普丛书汇聚了北京大学多个院系老师们的心血。通过阅读本套科普丛书,青少年读者可以探索机器人的奥秘、环境气候的变迁原因、显微镜的奇妙、人与自然的和谐共生之道,领略火山的壮观、宇宙的浩瀚、生命中的化学反应,等等。同时,这套科普丛书还融入了人文艺术的元素,使读者们有机会感受不同国家文化与艺术的魅力、云冈石窟的壮丽之美,从心理学角度探索青少年期这一充满挑战和无限希望的特殊阶段。

这套科普丛书也是我们加强科普与科研结合,助力加快形成全社会共同参与的大科普格局的一次尝试。我们希望这套科普丛书能为青少年读者提供一个"预见未来"的机会,增强他们对科普内容的热情与兴趣,增进其对科学工作的向往,点燃他们当科学家的梦想,让更多的优秀人才竞相涌现,进一步夯实加快实现高水平科技自立自强的根基。

目录 CONTENTS

导　语 / 1

第一讲 | 18世纪中国文化对法国文化的影响 / 3

一、华托的中国风绘画 / 14

二、布歇的中国风绘画 / 24

三、皮耶芒的中国风绘画 / 28

第二讲 | 19世纪日本文化对法国文化的影响 / 37

一、日本瓷器和浮世绘对法国文化的影响 / 44

二、印象派与东方文化的碰撞 / 59

三、日本艺术家对法国艺术家的影响 / 70

第三讲 | 20 世纪东西方艺术家之间的碰撞与交流　/ 77

　　一、罗丹与布朗库西　/ 82
　　二、野口勇与齐白石　/ 88
　　三、赵无极与亨利・米修　/ 91

导 语

东西方文化的大规模交流始于商业贸易的蓬勃发展。随着航海技术的日益进步，国际贸易规模的进一步扩大，各国之间的文化交流也越来越频繁。自古以来，文化与艺术便是人们跨越国界、增进沟通的桥梁。让我们开启一场中日法文化艺术的互鉴之旅，共同探寻18世纪至20世纪中国、日本与法国的文化艺术交流史，去感受不同文化之间的碰撞与融合，去了解一种文化是如何为另一种文化带来启发与灵感的。同时，我们也将探讨不同文化背景下的艺术家们是如何进行文化交流的。

感兴趣的读者可扫描二维码观看本课程视频节选

第一讲

18世纪中国文化对法国文化的影响

二、唐前期政府制定有关的法规,对依附于寺院的劳动人口进行限制

众所周知,寺院经济的一个突出特点即寺院僧侣在占有大量土地的同时,还必须拥有大量的依附劳动人口。自佛教传入中国以后,佛教寺院的土地大都由寺院下层僧众、依附于寺院的世俗百姓、寺院的奴婢或租佃给农户耕种,上层僧侣或一些出家时间较长的僧人是不从事劳作的。南北朝时期,佛教寺院为了不使自己的田地荒芜,大量隐匿劳动人口,如北魏后期"天下多虞,王役尤甚,于是所在编民,相与入道,假慕沙门,实避调役"。① 这些逃避赋役的农民进入寺院之后,就成为寺院的劳动者。如僧人法显出家后,"尝与同学数十人,于田中刈稻。时有饥贼,欲夺其谷。诸沙弥悉奔走,唯显独留,语贼曰:若欲取谷,随意所取"。② 到北朝后期,寺院的隐匿人口数目庞大,仅北齐时就有 200 多万口。于是,在北朝后期,寺院与国家争夺劳动力的现象已十分突出,国家与佛教寺院经济的矛盾日益尖锐,最后导致了周武帝的毁佛运动。

李唐建国后,除了对寺院僧人占有土地进行限制外,还对依附于寺院的劳动人口进行限制,尽量避免大量劳动力流入佛教寺院。其具体措施如下:

1. 对寺院僧尼的户籍进行严格管理

佛教传入中国以来,国家对僧尼的管理一直混乱。甚至在隋朝初年,隋文帝仍"普诏天下,任听出家"。③ 但这种情况未过多久,隋政府即设崇玄署,掌僧尼籍账和度僧等事务。李唐建国后,在隋代僧官系统的基础上,从中央到地方设立了一整套的机构,负责"编造僧尼籍,隶之于所在县、州和尚书祠部"。④

关于唐代僧尼有户籍制度,在唐代许多文献中都有记载。如《太平广记》卷 98"佛陀萨"条记载:"有佛陀萨者,其籍编于歧阳法门寺。"另据《天台九祖传》"左溪玄朗"条云:"朗九岁出家,日过七纸。如意元年,敕度配清泰寺。"《净土往生传》卷下也记述了他"十六岁落发,隶本州大云寺"的情况。

凡是无籍的僧人,皆被视为伪滥僧,不但有随时被强迫还俗的危险,而且还要受到法律的制裁,如唐玄宗开元二年(714 年),即对无籍的伪滥僧进

---

① 《魏书·释老志》。
② 《高僧传·法显传》。
③ 《隋书·经籍志》。
④ 《新唐书·百官志》。

| 第一讲 | 18世纪中国文化对法国文化的影响

提及东西方交流，马可·波罗无疑是一个标志性的人物，他所写的《马可·波罗游记》被誉为经典之作。虽然学界对马可·波罗是否真的来过中国一直存有争议，但这本书无疑对后世产生了深远的影响，它让我们窥见了东西方交流的初步形态。

然而，在13世纪，东西方交流还是比较少的。在商业、贸易蓬勃发展的基础上，尤其是航海技术作为支撑，文化交流才能在更大规模上产生。17世纪末至18世纪初，不同文明之间的交流就愈发频繁了。这种交流不是单向的输入或输出，而是双向的启迪与借鉴。外来文化的出现常常给本土文化的发展带来新的视角和灵感，本土艺术家因此有机会将外来文化融入自己的作品中。总而言之，这种文明互鉴的力量是巨大的。

17世纪末至18世纪初，开展国际贸易是十分困难的。尽管如此，西班牙、葡萄牙等拥有航海优势的发达国家率先在亚洲建立起自己的贸易网络。荷兰也在海上贸易中迅速崭露头角，成立了荷兰东印度公司。荷兰东印度公司的成立促进了欧洲与亚洲之间的贸易往来。

在这一时期，中国与日本的物品被运往欧洲，这些物品往往被欧洲人视为宝贝，并引发了欧洲人对东方的好奇与想象。法国也不甘落后，于17世纪成立了**法国东印度公司**。

法国东印度公司

1664年,法国东印度公司由法国国王路易十四的财政大臣让-巴普蒂斯特·柯尔贝尔创建,监管法国与印度、东非地区、东印度群岛等地的贸易,相关贸易涉及棉花、丝绸、香料等多种商品。法国东印度公司对中国有极大的兴趣,曾派多艘船只前往中国开展商业贸易活动。法国东印度公司在历史上与荷兰东印度公司等其他东印度公司存在竞争关系,其远航活动常受到其他公司的干扰。除开展贸易活动外,法国东印度公司还参与了殖民扩张。由于缺乏政府的持续支持,并且与其他东印度公司竞争激烈,法国东印度公司在18世纪中后期陷入困境。

18世纪的法国人对日本的了解还非常少。虽然中国和日本都是亚洲国家,但是法国人似乎对中国更加好奇。这一点在当时法国启蒙思想家们所编纂的《百科全书,或科学、艺术和手工艺大词典》中得到了体现,其中有关"中国"的词条的文字量远远超过了有关"日本"的词条的文字量。然而,值得注意的是,尽管法国人对日本的了解有限,法兰西公学院却设立了日语教席,日语教席的设立时间与汉语教席的设立时间相差不大。由于当时人们对中国和日本的了解还比较

| 第一讲 | 18世纪中国文化对法国文化的影响

有限,很多人难以准确区分日本物品与中国物品;在某些情况下,日本和中国这两个国家的名字甚至被互换使用。

我想给大家展示两张图片:一张图片展示的是路易十四收藏的双螭龙耳玉杯,另一张图片展示的是绘有中国青花瓷容器的欧洲静物画。我们可以看到,水果被称盛放在具有中国风格的容器里。

在这一背景下,18世纪的法国艺术家从这些东方物品中汲取灵感并获得启发,画出他们想象中的中国物品的样子,并将中国的艺术元素与法国的装饰艺术风格相结合。

路易十四收藏的双螭龙耳玉杯

欧洲静物画

| 探知无界 | 中日法文化艺术之互鉴

历史上还有哪些中外文化交流的案例呢?

扫描二维码
查看参考答案

路易十四与康熙的交流

17世纪中后叶,长期游离于大航海时代之外的法国对东方产生了好奇。路易十四在执政时期试图与清政府建立联系,双方也一度进入了交流频繁的外交蜜月期。

1686年,暹罗使节携礼物朝见路易十四,其中包含瓷器、漆器、金银器等大量中国器物,这些中国器物深受路易十四喜爱。凡尔赛宫馆藏的"花鸟纹雕银部分镀金水壶"是那批礼物中唯一已知的金银器。

| 第一讲 | 18世纪中国文化对法国文化的影响

凡尔赛宫馆藏的"花鸟纹雕银部分镀金水壶"

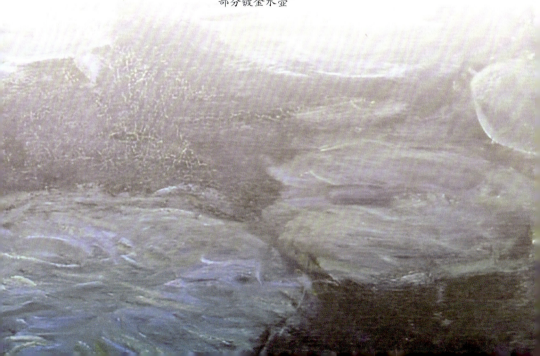

| 探知无界 | 中日法文化艺术之互鉴

17世纪末,法国国王路易十四派法国传教士团一行来到中国。传教士们带来了西方的科学仪器,以及数学、地理、天文、医学等方面的知识。满文稿本《几何原本》与《西洋药书》成为西方科技传入中国以及中法文化交流的重要物证;传教士白晋所著的《康熙帝传》在法国出版发行,这也增进了法国民众对中国的了解。清政府的统治者对这些学识渊博的传教士并不排斥,反而对他们产生了好感。通过传教士的介绍,康熙了解了法国的科学和艺术。在传教士的影响下,康熙不仅学起了《几何原本》,还对天文、地理、机械制造等西学进行了研究。与此同时,回国的法国传教士也将很多中国书籍带回了巴黎。

法国外交部档案馆保存着一封路易十四写给康熙的亲笔信。虽然这封信因种种原因并未被送到康熙手中,但它见证了那段中法交流的历史。信中写道:"获知陛下希望在身边与国度之中拥有众多精通欧洲科学的饱学之士,我们数年前决定派遣我们的子民——六位数学家为陛下带去我们巴黎城内著名的皇家科学院中最新奇的科学与天文观察新知……您最亲爱的好友路易。"路易十四在信中称自己为康熙的"最亲爱的好友"。康熙和路易十四以传教士为媒介相互"认识"了对方,他们虽然无缘会面,但中法两国的交流却未曾停止。

第一讲 | 18世纪中国文化对法国文化的影响

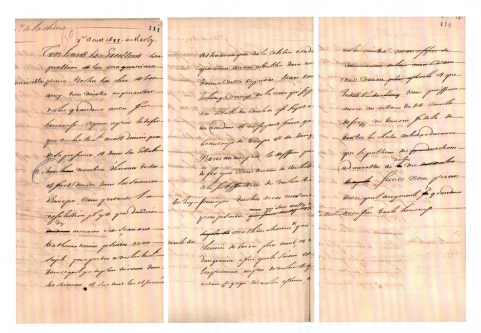

路易十四写给康熙的亲笔信

如今，凡尔赛宫馆藏的文物中不仅有大量过去法国人从中国进口的工艺品，还有大量带有中国文化基因的作品，如法国匠人仿效中国工艺品制成的法国工艺品。它们共同见证着远隔万里的中法两国的文化交流。

一、华托的中国风绘画

我们可以先来了解一位 17 世纪末至 18 世纪初最重要的法国画家让 - 安托万·华托。左图是华托给自己画的一幅自画像。

华托的自画像

《舟发西苔岛》是华托的代表作之一,图中描绘的是一批年轻男女准备坐船去西苔岛的情形,西苔岛是传说中爱神维纳斯的居住之所。作品展现了当时法国的贵族男女渴望拥有一个无忧无虑的爱情乐园。

| 第一讲 | 18世纪中国文化对法国文化的影响

华托创作的《舟发西苔岛》

| 探知无界 | 中日法文化艺术之互鉴

华托还创作过一幅非常有名的作品,这幅作品的名字叫《热尔桑画店》。画商热尔桑是华托的好友。这幅作品展现的是当时法国上流社会人士纷纷前来欣赏和购买画作的情景。

| 第一讲 | 18世纪中国文化对法国文化的影响

华托创作的《热尔桑画店》

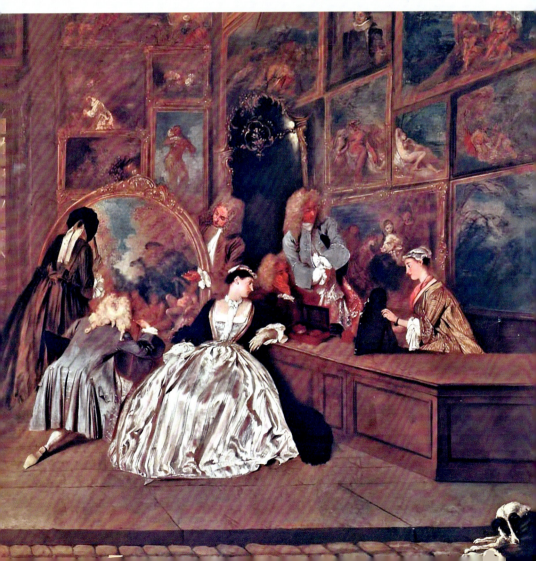

| **探知无界** | 中日法文化艺术之互鉴

下图展示的是一张张贴于热尔桑店铺的海报，我们可以从中看到店铺售卖的商品是多种多样的。海报上提到的"PAGODE"即英文中的"PAGODA"，指的是塔。我们可以在海报的显著位置看到各种商品，其中不乏来自中国的商品，如茶壶、茶杯等。尤其引人注目的是海报左上角的人物雕塑，这件雕塑作品也具有十分鲜明的中国特色。

张贴于热尔桑店铺的海报

| 第一讲 | 18世纪中国文化对法国文化的影响

我们可能不了解热尔桑店铺具体售卖的是哪些商品,但我们可以从同时期描绘其他店铺场景的画作中窥见一二。我们可以在下图中发现不少来自中国和日本的物品。

描绘店铺场景的绘画作品

| 探知无界 | 中日法文化艺术之互鉴

华托的部分作品展现出他对中国的想象。这些作品主要用于装饰法国的城堡。有的作品展现的是中国人是如何弹奏乐器的,有的作品展现的是中国的母亲是如何教育孩子的。华托的创作主要依据的是旅行者和传教士的描述,并融入了自己丰富的想象。可惜的是,由于城堡后来被毁坏了,人们已经看不到华托的部分作品了,但华托的弟子们以版画的形式将他的作品进行了二次创作。

| 第一讲 | 18世纪中国文化对法国文化的影响

华托创作的展现中国人弹奏乐器的绘画作品

| 探知无界 | 中日法文化艺术之互鉴

华托创作的展现中国母亲教育孩子的绘画作品

| 第一讲 | 18世纪中国文化对法国文化的影响

我们可以从上述作品中看到，华托像人类学家一样研究中国人的穿着打扮和生活方式。右图展示的是华托所刻画的一位音乐家，画中的人物既像中国人又像法国人，但其手中的乐器应该是一种西方的乐器。

华托笔下的音乐家

二、布歇的中国风绘画

华托是一位拥有巨大影响力的大画家,他的创作形式不仅引领了当时的艺术潮流,还激发了其他西方艺术家的创作灵感。在这些艺术家中,有一位画家特别值得我们关注,他便是弗朗索瓦·布歇。下图是布歇的自画像。布歇在某段时期对中国文化产生了浓厚的兴趣,几乎到了痴迷的地步。他通过丰富的想象,并结合耶稣会宗教人士的描述和带回的图片,创作出了许多具有中国风格的作品。

布歇的自画像

布歇的作品刻画了中国渔夫、中国孩童等形象。同时,他画笔下的法国贵妇的穿着打扮也具有中国风格。多种文化的融合使他的作品更具魅力。布歇的中国情结也使其在中法文化交流领域具有很高的知名度。

| 第一讲 | 18世纪中国文化对法国文化的影响

布歇描绘的中国渔夫形象

| 探知无界 | 中日法文化艺术之互鉴

布歇描绘的中国孩童形象

| 第一讲 | 18世纪中国文化对法国文化的影响

布歇描绘的法国贵妇形象

三、皮耶芒的中国风绘画

在艺术史上，有一位艺术家长久以来一直被人们忽视，他便是对中国文化最感兴趣的法国艺术家之一——皮耶芒。他不仅将想象中的中国元素巧妙地融入欧洲的装饰元素中，还在创作过程中将当时在欧洲十分流行的洛可可风格与中国元素相结合。皮耶芒和布歇不太一样。布歇是一位大画家，他的作品涉猎题材广泛，他对中国的兴趣只停留在某个阶段；但皮耶芒对中国的兴趣似乎更为浓厚，他致力于描绘中国人的各种生活状态，甚至出版了很多教人如何画中国场景的教材。他如同一位人类学家，致力于通过图像展现和解读中国文化。他的作品甚至细致入微地描绘了中国的春夏秋冬各个季节的景象。他创作的版画作品被保存在法国国家图书馆，这些作品展现了他对中国生活的丰富想象。

| 第一讲 | 18世纪中国文化对法国文化的影响

(a)
皮耶芒描绘的中国人形象

| 探知无界 | 中日法文化艺术之互鉴

(b)

| 第一讲 | 18世纪中国文化对法国文化的影响

(c)

皮耶芒描绘的中国人形象（续）

在皮耶芒的作品中，很多细节都体现出与中国有关的元素。他还描绘了自己想象中的来自中国的奇特船只和车辆。皮耶芒大胆而富有想象力的艺术创作使其作品充满了趣味性，同时也引发了法国人对中国装饰元素的兴趣。

皮耶芒的例子反映了中国文化在欧洲艺术界的广泛影响力。有趣的是，到了19世纪下半叶，很多法国人开始追捧日本的

（a）

| 第一讲 | 18世纪中国文化对法国文化的影响

（b）

皮耶芒描绘的来自中国的奇特船只和车辆

艺术品，尤其是与浮世绘有关的艺术品，这些来自日本的艺术品常被人们误认为是中国的。

在18世纪，中国物品和日本物品的传入对法国艺术产生了深刻的影响。这些外来物品引起了艺术家们极大的兴趣，皮耶芒等艺术家在艺术创作的过程中将中国的艺术风格转化为一种独特的装饰风格。下图所展示的家具就体现了皮耶芒的艺术创作风格。这些带有中国元素的装饰品迅速成为欧洲社会的奢侈品，人们渴望能够在充满中式风情的环境中生活，并使用具有中式风格的家具和茶具。

具有皮耶芒艺术创作风格的家具

第一讲 | 18世纪中国文化对法国文化的影响

18世纪的法国绘画艺术是如何展现中国文化的？

扫描二维码
查看参考答案

请选择一个中外文化交流的案例，并以文字的形式说明文化交流的过程，以及其对中外文化发展的影响。

第二讲

19世纪日本文化对法国文化的影响

| 第二讲 | 19世纪日本文化对法国文化的影响

从17世纪开始，日本长时间处于闭关锁国的状态。日本明治维新运动的爆发使这一局面被打破。19世纪中叶，"黑船事件"爆发，美国舰队到达了日本，日本被迫与美国签订了通商条约。19世纪下半叶，日本文化和日本物品开始在欧洲流行起来。1867年举办的巴黎世界博览会就设有日本展位。有趣的是，当时的欧洲人难以区分来自日本的物品和来自中国的物品。下图所展示的海报就是一个很好的例子。当时，"中国之门"是法国最著名的商店之一，这家商店也摆放了大量的日本物品。我们可以看到，这张海报上写有"CHINOISE"一词，该词在法文中指的是"中国的"（也可指代中国女性）。这张海报所描绘的女性形象展示了当时的欧洲人对东方女性具体形象的想象。我们可以看到，当时的欧洲人对东方文化有着浓厚的兴趣。

"中国之门"的海报

| 探知无界 | 中日法文化艺术之互鉴

日本明治维新

日本明治维新是日本在由封建社会向资本主义社会转型时期发生的资产阶级改革运动。19世纪以来,日本城乡不断发生农民和市民暴动,以德川幕府为中心的幕藩体制发生动摇。1871年,日本各藩被废除,这为日本建立中央集权国家奠定了基础。1872年,明治政府废除土地买卖禁令。1873年,明治政府开始推行地税改革。这场资产阶级改革运动由明治天皇领导,旨在推翻德川幕府的统治,并实施一系列政治、经济和社会改革,以推动日本走向现代化。明治维新的主要目标是使日本实现工业化,推动军事工业和交通运输业的发展,并进行教育和社会改革。明治维新的改革内容包括:废除封建的幕府制度,建立中央集权的天皇制政府,实行君主立宪制。在经济方面,明治政府采取了一系列的改革措施,如开放市场、建设铁路、兴办工业等,这些改革措施使日本完成了从农业社会向工业社会的转变。

| 第二讲 | 19世纪日本文化对法国文化的影响

值得一提的是，法国著名画家图卢兹-劳特雷克就曾打扮成日本人的样子。日本浮世绘等元素给法国艺术家的日常生活留下了深刻的痕迹。这种风尚最初在法国盛行，后来席卷了整个欧洲。这一风尚不仅体现了欧洲艺术家对日本独特美学和艺术风格的欣赏，也促进了东西方文化的交流与融合。

图卢兹-劳特雷克打扮成日本人的样子

一、日本瓷器和浮世绘对法国文化的影响

众所周知,瓷器是中国文化的标志之一,英文中的"China"一词既可用于指代中国,也可用于指代瓷器。许多国家都希望掌握制作瓷器的技术和方法。17世纪,一位名为酒井田柿右卫门的日本手工艺大师烧制出了一种具有日本特色的瓷器。这种日本瓷器与中国瓷器虽在细节上有所不同,但对于欧洲人来说,他们难以分辨两种瓷器的区别。这种日本瓷器在欧洲备受欢迎。右图展示的是一件典型的日本瓷器,普通人是很难分辨它与中国瓷器的差别的。

| 第二讲 | 19世纪日本文化对法国文化的影响

日本瓷器

| 探知无界 | 中日法文化艺术之互鉴

　　一些法国艺术家制作了大量的瓷器，这些瓷器是对日本瓷器的模仿，但我们也能从中看出中国瓷器的风格和特征。下图是在1867年召开的巴黎世界博览会上引起轰动的一套瓷器，法国人完全没想到本国的艺术家能够制作出这样的瓷器。

展于巴黎世界博览会的一套瓷器

右图是法国版画家菲利克斯·布拉克蒙制作的一件瓷器，瓷器上的图案与日本画的图案十分相似。作为一位版画家，布拉克蒙在极其偶然的情况下发现了浮世绘，这种带有东方美学传统的艺术表现形式对欧洲艺术家的艺术创作产生了深刻的影响。

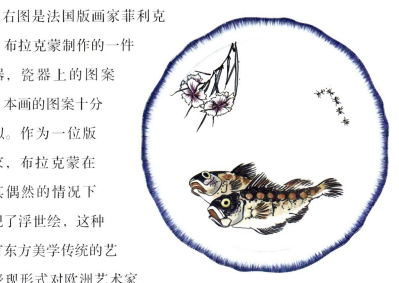

布拉克蒙制作的瓷器

实际上，真正对欧洲艺术的发展产生深远影响的并不是这种昂贵的瓷器，而是印在包装纸上的浮世绘。在欧洲，浮世绘最早出现在瓷器的包装纸上。浮世绘起初并没有引起人们的关注，但是一些独具慧眼的艺术家在打开这些包装纸后发现，其使用的色彩与表现的内容丰富多彩，于是他们就开始收集这些包装纸，并试图模仿浮世绘的表现手法。这种新的艺术形式与欧洲艺术家描绘人物和风景时所采用的传统表现形式截然不同。

浮世绘的艺术特色主要表现在两个方面：一是浮世绘表现的题材很广，涵盖了大量有关平民日常生活的场景；二是浮世绘的创作视角非常特别，画家往往会从意想不到的角度去描绘一个场景。欧洲艺术家的绘画技法长期以来深受线性透视的影响，艺术家们若想崭露头角，就需要选取古典类型的题材，并严格遵循透视法来进行艺术创作。然而，这一趋势令许多年轻的艺术家感到不满。他们渴望打破这一束缚，从自己的日常生活和经历中汲取创作灵感。因此，日本浮世绘所展现的题材和形式吸引了众多年轻的法国艺术家。

| 第二讲 | 19世纪日本文化对法国文化的影响

　　后面的几幅图片展示的浮世绘作品类似于如今的漫画，这些作品的作者是日本画家葛饰北斋。葛饰北斋的作品笔触细致精妙，他热衷于通过浮世绘作品展现当时江户市民的生活风俗，并在其中反映劳动者勤奋和大无畏的精神。最早对浮世绘感兴趣的法国艺术家就是版画家布拉克蒙，日本的浮世绘画家也常常以版画的形式进行创作。

| **探知无界** | 中日法文化艺术之互鉴

（a）

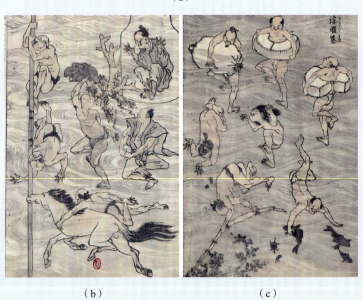

（b） （c）

| 第二讲 | 19世纪日本文化对法国文化的影响

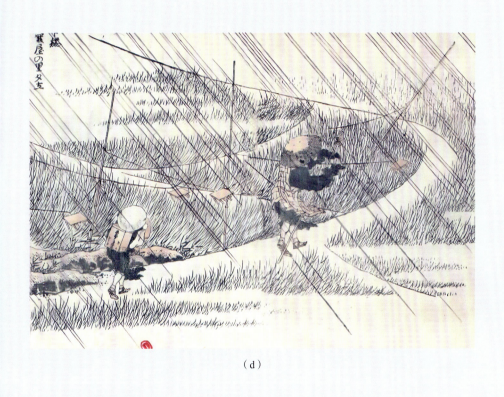

（d）

葛饰北斋创作的浮世绘作品

葛饰北斋曾创作过不少以风景为题材的作品,最为人们熟知的一幅风景画就是《富岳三十六景》系列作品中的经典之作——《神奈川冲浪里》。

日本浮世绘不仅对欧洲印象派画家的艺术创作产生了直接影响,也对欧洲音乐家的艺术创作产生了一定的影响。

葛饰北斋创作的《神奈川冲浪里》

| 第二讲 | 19世纪日本文化对法国文化的影响

　　葛饰北斋创作的浮世绘作品《神奈川冲浪里》给法国著名作曲家克劳德·德彪西带来了创作灵感，在这幅作品的启发下，德彪西创作出了著名的交响作品《大海》。下图是德彪西音乐会的宣传海报，右上角写着法语"LA MER"（即大海），左上角写有德彪西的名字。我们可以看到，海报中的大海与《神奈川冲浪里》中的大海几乎一模一样。

德彪西音乐会的宣传海报

| **探知无界** | 中日法文化艺术之互鉴

当时，法国艺术家亨利·里维埃也被《富岳三十六景》的独特魅力所吸引。他受到葛饰北斋作品的启发，创作了体现法国风情的浮世绘作品——《埃菲尔铁塔三十六景》。后面的几幅图片便是《埃菲尔铁塔三十六景》系列作品中的部分作品。亨利·里维埃在创作中运用了与《富岳三十六景》相似的表现手法。

| 第二讲 | 19世纪日本文化对法国文化的影响

（a）　　　　　　　　　　　（b）

（c）　　　　　　　　　　　（d）

亨利·里维埃创作的《埃菲尔铁塔三十六景》系列作品中的部分作品

| 探知无界 | 中日法文化艺术之互鉴

(e)　　　　　　　　　　　(f)

(g)　　　　　　　　　　　(h)

| 第二讲 | 19世纪日本文化对法国文化的影响

亨利·里维埃创作的《埃菲尔铁塔三十六景》系列作品中的部分作品(续)

| 探知无界 | 中日法文化艺术之互鉴

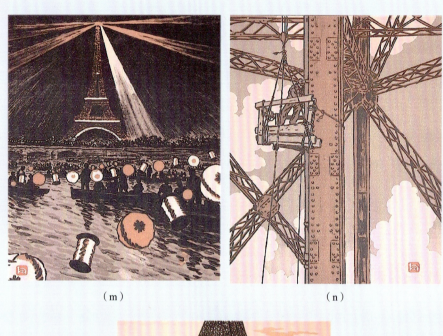

(m)   (n)

(o)

亨利·里维埃创作的《埃菲尔铁塔三十六景》系列作品中的部分作品(续)

二、印象派与东方文化的碰撞

莫奈是法国印象派的代表人物之一,其作品同样深受浮世绘艺术的影响。他的花园中有一座别具一格的桥,这座桥被称为"日本桥"。莫奈画笔下的睡莲大多都生长在这座桥下的池塘里,他时常邀请朋友们一同来池塘边画睡莲。下图就是莫奈所创作的《睡莲池塘和日本桥》。

莫奈创作的《睡莲池塘和日本桥》

| 探知无界 | 中日法文化艺术之互鉴

印象派

  印象派是西方绘画史上具有划时代意义的艺术流派。印象派起源于19世纪60年代的法国。摄影技术的出现和普及使画家们开始寻求新的表现方式。同时，自然科学的发展，特别是光学研究的进步，为印象派画家提供了新的观察和理解自然世界的方法。19世纪后半叶至20世纪初，法国涌现出一大批印象派艺术大师，他们创作出了大量优秀的艺术作品，如爱德华·马奈的《草地上的午餐》、莫奈的《日出·印象》等。印象派画家强调对光线和色彩的直接观察与表现，用思维捕捉光与色的变化；他们喜欢直接在户外写生，以捕捉自然光线下景物的真实面貌。

| 第二讲 | 19世纪日本文化对法国文化的影响

右图是莫奈的名作《穿和服的卡米尔》，这幅画描绘的是一位身着日本和服的西方女性，我们还能够在她的和服上看到具有日本浮世绘风格的人物。画中的这位女子是谁呢？她是莫奈的夫人。

莫奈创作的《穿和服的卡米尔》

| 探知无界 | 中日法文化艺术之互鉴

我们再来看看凡·高的绘画作品。凡·高曾为好友创作了一幅肖像画——《唐吉老爹》。朱利安·唐吉是最早出售凡·高画作的画商之一。他热爱现代艺术,为人豪爽大方,经常接济穷困潦倒的艺术家,因此他也被画家们亲切地称为"老爹"。《唐吉老爹》背景中的图案展现了日本浮世绘作品的独特风格。

| 第二讲 | 19世纪日本文化对法国文化的影响

凡·高创作的《唐吉老爹》

| 探知无界 | 中日法文化艺术之互鉴

下图展示的是日本浮世绘画家歌川广重创作的《龟户梅屋铺》。

歌川广重创作的《龟户梅屋铺》

| 第二讲 | 19世纪日本文化对法国文化的影响

下图展示的是凡·高临摹的作品。凡·高在完全不懂日语和汉语的情况下给自己的临摹作品配上了文字。

凡·高临摹的《龟户梅屋铺》

| 探知无界 | 中日法文化艺术之互鉴

当时的法国人对日本文化兴趣浓厚,法国艺术界还掀起了一场被称为"日本主义"的艺术热潮。在此过程中,众多引人瞩目的优秀作品不断涌现。不少印象派画家的作品中出现了日本元素,尽管这些艺术家的创作风格通常被认为未明显受到日本文化的影响。比如,在雷诺阿的油画《持扇的少女》中,女孩手持的那把扇子就具有日本风格。

| 第二讲 | 19世纪日本文化对法国文化的影响

雷诺阿创作的《持扇的少女》

爱德华·马奈也是一位著名的印象派画家。《埃米尔·左拉像》是他为著名的法国作家埃米尔·左拉画的一幅肖像画。埃米尔·左拉是自然主义文学流派的领袖。在这幅作品中，墙上的挂画描绘了日本武士的形象。

| 第二讲 | 19世纪日本文化对法国文化的影响

爱德华·马奈创作的《埃米尔·左拉像》

三、日本艺术家对法国艺术家的影响

除了受到日本艺术作品的熏陶外,欧洲艺术家们还从远道而来的日本艺术家身上汲取灵感,深入了解日本艺术的独特风格,并将其巧妙地与新艺术风格相融合。在文化交流的过程中,日本艺术家高岛北海扮演了重要的角色。作为文化交流的使者,他并未前往"艺术之都"巴黎,而是来到了位

高岛北海

高岛北海

高岛北海(1850—1931)是日本明治时代至大正时代的一位杰出的山岳风景画家与地质学者。高岛北海的绘画风格融合了日本南画的写生技法和中国山水画的传统风格。他通过长期的写生实践,结合地理学知识,描绘出了清新自然的山岳风景。

于法国东北部的南锡。在南锡生活的数年间，高岛北海与众多法国艺术家建立了深厚的友谊，他的艺术理念也对当地艺术家产生了深远的影响。

高岛北海所创作的山水画与中国山水画源自不同流派，但两者在表现手法上却有着异曲同工之妙。中国山水画大师傅抱石在日本学习期间对高岛北海的画法赞誉

高岛北海创作的山水画

有加，并认为其对山水的刻画尤为出色。因此，傅抱石特意将高岛北海撰写的书籍带回中国，并翻译成中文，以便更多的中国艺术家能够了解并学习高岛北海作品中所蕴含的艺术精髓。从这一文化交流的案例中，我们可以看到法国艺术家、日本艺术家和中国艺术家在艺术创作领域联系紧密。

| **探知无界** | 中日法文化艺术之互鉴

埃米尔·加莱

埃米尔·加莱设计的器皿

日本传统艺术对发生于欧洲和美国等多个国家和地区的新艺术运动产生了深远的影响。法国艺术家埃米尔·加莱的家具设计和器皿设计就明显受到了高岛北海的艺术风格的启发。

高岛北海在返回日本前将自己的日本书籍和图样赠予了法国艺术家，这些宝贵的文化资产对法国艺术的发展产生了深远的影响。至今，日本游客仍会特地前往法国南锡的博物馆，欣赏埃米尔·加莱所设计的家具。

| 第二讲 | 19世纪日本文化对法国文化的影响

新艺术运动

新艺术运动是一场发生于19世纪末至20世纪初的艺术设计运动，主要涉及法国、美国、比利时、西班牙、德国、奥地利、英国等国家。新艺术运动涵盖了建筑、家具、平面设计、服装、首饰、雕塑、绘画等多个领域，对设计艺术的发展产生了重大影响。新艺术运动强调从自然中汲取设计灵感，运用大量的曲线和装饰性元素，如植物、动物和自然景观的曲线或图案，创造出充满动感和生机的艺术品。新艺术运动强调艺术与生活的紧密联系，提倡让艺术融入人们的日常生活中，注重艺术品的实用性和美观性。

| 探知无界 | 中日法文化艺术之互鉴

傅抱石

傅抱石（1904—1965），号抱石斋主人。他是中国现代著名的画家、美术史论家、书法家和美术教育家。其早年留学日本，回国后执教于中央大学艺术系。傅抱石擅长画山水，其作品运用了独特的"抱石皴"技法。其代表作品有《江山如此多娇》《镜泊飞泉》等。

傅抱石是中国现当代杰出画家之一，其艺术成就备受赞誉。早年家境贫寒的他在徐悲鸿的帮助下赴日本深造。傅抱石深入研究并编译了高岛北海所著的《写山要诀》（其译著名为《写山要法》）。傅抱石在日本接触到高岛北海的著作后深受启发，将其中的皴法技巧、地质观察方法与自己的创作理念相结合，形成了自己独特的艺术风格。这一过程充分展示了文化交流的丰富性和多元性，我们也可以看到文化在交流与传播过程中的演变和发展。傅抱石能够成为一代大师，与其超越国界的国际视野和对艺术的深刻理解密不可分。

传统观念认为，在20世纪以后，中国和日本在很多方面都在向西方学习。实际上，这种学习是一种双向的文化交流，而非单向的输入。人们总会对其他民族的文化或超出想象的事物充满好奇，进而产生强烈的学习欲望。在此过程中，不同文化的交融和碰撞往往能激发出创新的火花，引发艺术史上的革命性变革。在这样的文化交流中，艺术家们不仅能够吸收外来文化的精髓，还能融合创新，形成独特的个人艺术风格，展现出独具特色的民族身份表达。

| 第二讲 | 19世纪日本文化对法国文化的影响

 想一想

进入19世纪后,为什么对法国艺术产生主要影响的是日本艺术,而不是中国艺术?

扫描二维码
查看参考答案

智慧探索

请根据前两讲的内容,以表格的形式梳理18世纪中国文化对法国文化产生的影响,以及19世纪日本文化对法国文化产生的影响,并对二者的异同进行对比,谈一谈你从中得到的关于文化交流的启示。

第三讲

20世纪东西方艺术家之间的碰撞与交流

第三讲 | 20世纪东西方艺术家之间的碰撞与交流

20世纪无疑是一个充满变革的时代，它既与我们紧密相连，又与我们渐行渐远。如今，我们已步入21世纪，但我们似乎对20世纪的艺术理解得并不充分。20世纪最显著的特点之一就是破坏与创造并存，这种破坏与创造是现代化带来的。20世纪所提倡的"自由与解放"使很多艺术家在艺术创作领域取得了巨大的成就。

实际上，国外很多杰出的经典画家都是宫廷画家，他们的创作在很大程度上受到了宫廷画风的影响。到了20世纪，毕加索、康定斯基等众多艺术家开始以独立、自由的精神个体的身份出现在艺术创作领域。在这一时期，资本对艺术创作的制约也越发明显。与此同时，20世纪的社会变革也推动了交通方式的变革。飞机、火车等交通工具的普及使人们可以更为便捷地离开自己的国家，前往其他国家留学或旅行。这在一定程度上促进了文化的交流与融合。

| 探知无界 | 中日法文化艺术之互鉴

一、罗丹与布朗库西

奥古斯特·罗丹是法国的著名雕塑家，他的作品对现当代艺术的发展影响深远。

罗丹

奥古斯特·罗丹

奥古斯特·罗丹（1840—1917）是19世纪至20世纪初法国最伟大的现实主义雕塑艺术家之一。罗丹的创作风格独特，他善于以纹理和造型表现作品，用丰富多样的绘画性手法塑造出神态生动、富有力量的艺术形象。罗丹的代表作品包括《思想者》《青铜时代》《加莱义民》《巴尔扎克像》等。

罗丹创作的雕塑作品《地狱之门》

罗丹对东方艺术情有独钟，他晚年的艺术创作也受到了中国艺术和日本艺术的影响。左图是他的雕塑作品《地狱之门》。

| 第三讲 | 20世纪东西方艺术家之间的碰撞与交流

罗丹对中国和日本的艺术品有着浓厚的兴趣。右图是罗丹收藏的一尊来自中国的观音像。他的工作室里陈列着他创作的各种作品，而其中的很多作品都融入了东方元素。

罗丹收藏的中国观音像

罗丹的工作室

| 探知无界 | 中日法文化艺术之互鉴

　　罗丹在创作后期对一位名为花子的日本舞女产生了浓厚的兴趣。尽管花子长相平平,但她在跳舞时所展现出的独特灵性深深吸引了罗丹。

日本舞女花子

| 第三讲 | 20世纪东西方艺术家之间的碰撞与交流

为了捕捉并呈现花子的魅力,罗丹根据花子的形象创作了大量的雕塑作品。其中,雕塑作品《花子面具》十分有名,这件作品也在日本和法国的艺术交流史上具有重要的地位。日本作家森鸥外创作的短篇小说《花子》记录了罗丹和花子的故事。

罗丹创作的雕塑作品《花子面具》

| 探知无界 | 中日法文化艺术之互鉴

说到罗丹，就不得不提起他的学生——罗马尼亚裔法国雕塑家康斯坦丁·布朗库西。布朗库西曾说，一棵大树的底下很难再长出另一棵大树。这句话深刻地揭示了艺术创作的真谛——艺术家应当拥有自己独特的艺术风格，而不应当盲目地追随大师。布朗库西曾跟随罗丹学习，但没过多长时间，他便离开了。大家如果有机会去乔治·蓬皮杜国家艺术文化中心，可以看到有一个工作室是以布朗库西的名字命名的，他将自己的很多作品都捐赠给了这家艺术文化中心。

罗丹所创作的雕塑作品《吻》无疑是雕塑史上的经典之作，它以生动的形态和丰富的细节展现出了恋人之间的情感。

> **康斯坦丁·布朗库西**
>
> 康斯坦丁·布朗库西（1876—1957），罗马尼亚裔法国雕塑家。其早期作品受写实主义和印象主义的影响，并受罗丹、罗素、马约尔等人的创作风格影响。他从民间雕刻中汲取创作灵感，其作品展现出了一种古朴、稚拙的美。其代表作有《空中之鸟》《吻》《沉睡的缪斯》《波嘉尼小姐》《无尽之柱》等。

然而，当我们把目光投向布朗库西创作的雕塑作品《吻》时，会感受到一种截然不同的艺术风格。这件作品的艺术风格十分抽象，布朗库西没有对细节和具象形态着重进行刻画，但简约的线条和形态表现出了恋人之间纯粹的情感。我们还能从布朗库西的《吻》中感受到一种原始的气息。

罗丹创作的雕塑作品《吻》

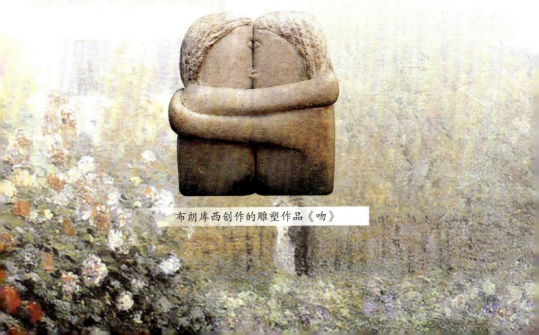

布朗库西创作的雕塑作品《吻》

| 探知无界 | 中日法文化艺术之互鉴

二、野口勇与齐白石

说到布朗库西，我们就能联想到美籍日裔艺术家野口勇。野口勇师从布朗库西，他非常喜欢布朗库西的艺术风格。野口勇有着特殊的家庭背景。他的母亲是一位美国女作家，他的父亲则是一位日本诗人。由于父母并未结婚，他的父亲一直不肯承认他是自己的儿子。野口勇曾在日本生活过一段时间，之后

> **野口勇**
>
> 野口勇（1904—1988）是一位日裔美国艺术家，他不仅是 20 世纪最著名的雕塑家之一，还是较早尝试将雕塑和景观设计结合的艺术家。野口勇的作品涉及雕塑、家具设计、公共艺术等多个领域。野口勇的艺术风格独特而多元，融合了东西方美学观念。野口勇的雕塑作品不仅关注雕塑本身的形式和美感，还注重雕塑与周围环境的互动关系；他善于将雕塑置于特定的空间环境中，通过雕塑与空间的对话来营造出一种独特的氛围和意境。

| 第三讲 | 20世纪东西方艺术家之间的碰撞与交流

随母亲移居美国。他最初选择学医，但后来决定投身于雕塑艺术领域。他的勤奋与才华使他获得了古根海姆奖学金。在获得奖学金后，野口勇前往巴黎并师从布朗库西。后来，他在美国举办了一场个人雕塑展，他的雕塑作品受到了人们的广泛关注。

为了寻访东方艺术，也为了寻找父爱，野口勇决定前往日本，但最终遭到了生父的拒绝。1930年6月，野口勇从巴黎出发，辗转到了北京。他在北京居住了半年多的时间。在这段时间里，他结识了齐白石。北京深厚的文化底蕴和浓厚的艺术氛围深深吸引了野口勇。他对古董店和书画店十分着迷，对中国的唐三彩也充满了兴趣。当时北京的物价相对较低，这使并不富裕的野口勇在中国生活得很自在。他在北京的大羊毛胡同租了一套宽敞的房子，甚至雇用了人力车夫、男仆和

> **齐白石**
>
> 齐白石（1864—1957）是中国近现代著名的书画家、书法篆刻家。齐白石擅画花鸟、虫鱼、山水、人物；其作品笔墨雄浑滋润，色彩浓艳明快，造型简练生动，意境淳厚朴实。其代表作有《蛙声十里出山泉》《墨虾》等，并著有《白石诗草》《白石老人自述》等。

会说法语的厨子。野口勇在给母亲的信中提到,虽然父亲不欢迎他去日本,但北京给了他爱与温情。在北京,野口勇得到了齐白石的热情招待。齐白石不仅向他传授了中国艺术的精髓,还让他观摩自己的创作过程。

齐白石和布朗库西这两位艺术大师对野口勇的创作风格产生了深远的影响。在他们的影响下,野口勇对艺术有了新的认识,并找到了自己独特的创作风格。在齐白石的指导下,野口勇领悟到了线条的重要性及外形的脆弱性。他懂得了艺术创作不应过分强调外形,而应更加注重表现作品的内在神韵。布朗库西在创作中所强调的对精神性的追求也给了野口勇很大的启发。在中日法三国文化的影响下,野口勇成了一位杰出的艺术家。

野口勇受齐白石影响而创作的作品

三、赵无极与亨利·米修

对现当代艺术有所了解的人一定知道华裔法籍画家赵无极。赵无极无疑是在东西方艺术融合方面做得最为出色的艺术家之一。他能够取得如此高的艺术成就,与他和法国诗人、画家亨利·米修的深厚友谊有着密不可分的联系。

亨利·米修生于 1899 年,他比赵无极大 20 多岁。赵无极初到法国时还默默无闻,但亨利·米修当时已经声名显赫。然而,亨利·米修独具慧眼,发现了赵无极的艺术潜力,并给予了他许多宝贵的建议。

亨利·米修出生于比利时,后来他选择留在了法国,他与中国有着很深的缘分。20 世纪 30 年代,他游历了印度、日本、中国等国家,并将自己的经历与感受凝结为一本游记——《一个野蛮人在亚洲》。在西方人的传统观念中,西方文明比东方文明优越;但亨利·米修却反其道而行之,他称自己为"野蛮人",并认为在亚洲见到的印度人、日本人和中国人才是真正的文明人。后图就是亨利·米修创作的一幅绘画作品。

| **探知无界** | 中日法文化艺术之互鉴

| 第三讲 | 20世纪东西方艺术家之间的碰撞与交流

亨利·米修创作的绘画作品

| 探知无界 | 中日法文化艺术之互鉴

Zao Wou-Ki, Henri Michaux, une amitié 的封面

在游历了亚洲各国之后，亨利·米修对东方艺术产生了浓厚的兴趣，他对中国的水墨画和水彩画情有独钟。他一直希望用新的表现手法来展现自己的内心世界。在这个时候，他恰好遇到了年轻的赵无极。亨利·米修发现赵无极的创作手法与中国传统绘画作品所展现的创作手法截然不同，他的作品充满了强烈的个性，并具有现代艺术的特征。在法国，一本名为 Zao Wou-Ki, Henri Michaux, une amitié（《赵无极，亨利·米修，一段友谊》）的书详尽地记录了亨利·米修与赵无极之间的故事。

在亨利·米修的鼓励下，赵无极开始更为深入地审视中国艺术。赵无极原本深受西方艺术的影响，钟爱亨利·马蒂斯、毕加索等大师的作品；然而，在与亨利·米修相遇后，他突然发现中国本土艺术同样值得被深入探究。这两位艺术家的相遇是如此传奇。

在赵无极深入研究中国文化后,他的作品中出现了与青铜器上的铜锈相似的图案和色彩,并融入了米芾的书法等元素。同时,他的创作也受到了抽象派艺术大师的创作风格的影响。多元艺术元素的相互融合使赵无极逐渐形成了自己独特的艺术风格。

与此同时,亨利·米修也在赵无极的影响下继续开展自己的艺术创作。亨利·米修创作了大量具有中国韵味的作品,这些作品呈现出一种独特的艺术美感。后图是亨利·米修创作的一幅作品。我们可以看到,亨利·米修的作品与徐冰的作品《天书》有些类似,但在风格上又有所不同。我们很难想象一位出生于比利时的法国诗人在接触到中国文化后能够创作出如此独特且富有韵律感的作品。国外的一个现代舞蹈团还根据亨利·米修的作品编排了一支舞蹈,舞台的背景展示的就是亨利·米修的作品。

| 探知无界 | 中日法文化艺术之互鉴

亨利·米修创作的作品

实际上，抽象画的艺术形式往往令人难以捉摸。许多人表示自己看不懂抽象画，不明白这些画作究竟要表达什么。也许正是这种共同的困惑让人们更能体会到欣赏抽象画的乐趣。研究一位艺术家的方式是多种多样的，其中一种方式就是阅读他所写下的文字。赵无极曾写过一部《赵无极自传》。他在这部自传中提到："我渐渐明白，我的画反映着我的经历。"[①]赵无极的画作是抽象的，这与他的个人经历联系紧密。

赵无极曾提出一个非常重要的观点。他在《赵无极自传》中提到："我觉得诗与画的表达方式本质相通，都传达生命之气，画笔在画布上的运动是这样，手在纸上写字时的运动也是这样。两者都是表现而不是再现宇宙所隐含的深意。"[②]他特别强调了"表现"与"再现"之间的差别，这一点值得我们深思。"表现"与"再现"虽然只有一字之差，但意义却大不相同。

---

① 赵无极，弗朗索瓦兹·马尔凯. 赵无极自传[M]. 邢晓舟，译. 上海：文汇出版社，2002：63.
② 同①：38.

我们常说，一部文学作品能够再现一个时代，比如茅盾的《子夜》就再现了他心目中的20世纪初的上海。然而，表现强调的是表达，它更强调艺术家如何运用创作手法去展现自己的内心世界和对世界、宇宙的感知与理解。

在艺术创作中，只有有了实际的参照对象，艺术家才能进行再现，例如画家在画肖像画时需要根据模特的形象进行创作。英国当代画家卢西安·弗洛伊德为英国女王伊丽莎白二世创作的肖像画就很好地说明了这一点。虽然卢西安·弗洛伊德的画作在很多人看来可能并不符合传统的审美标准，但女王本人却非常喜欢这幅画。这是因为卢西安·弗洛伊德通过他独特的表现手法成功地捕捉到了女王的内在特质，而不仅仅是她的外在形象。因此，对于一个艺术家而言，最重要的不是再现，而是表现。

卢西安·弗洛伊德为英国女王伊丽莎白二世创作的肖像画

在《赵无极自传》中，赵无极将自己的艺术生涯划分为不同的阶段,并在书中描述了自己经历过的重要事件和内心的情感波动。亨利·米修也写过一本类似的书,其译名为《五十九岁简历》。他在这本书中与读者分享了自己是如何从诗人逐渐转变为画家的,以及绘画是如何影响他的诗歌创作的。这也从侧面展现了亨利·米修对赵无极的影响。

20世纪80年代,赵无极受邀前往浙江美术学院(现更名为中国美术学院)授课。他发现当时中国学生的创作风格普遍受到苏联油画风格的影响,过于注重形体和写实。他发现学生们都在努力地去再现,而不懂得如何表现。赵无极努力向学生们传授着他的艺术理念,他的艺术理念影响了一批又一批的学生,包括中国美术学院前院长许江在内的许多艺术家都受到了其艺术理念的启发。赵无极曾在《赵无极自传》中强调:"谁能了解,我花了多少时间来领悟塞尚和马蒂斯,然后再回到我们传统中我认为最美的唐宋绘画?——整整五十年的工夫!"[1]

理解这些大师的艺术理念需要赵无极付出大量的时间和精力,但赵无极却坚持不懈,并逐渐领悟到唐宋绘画的境界和深刻内涵。赵无极曾明确表示:"我极不喜欢'再现'自然,有些人在谈论我的绘画时把它看作风景,我便深感不被理解,

---

[1] 赵无极,弗朗索瓦兹·马尔凯.赵无极自传[M].邢晓舟,译.上海:文汇出版社,2002:32.

即使对方是我很信任的好朋友。"① 实际上，他早期创作的一些作品与风景画类似，特别是那些具有敦煌壁画风格的画作。

赵无极也曾表示："到巴黎后，我决定不再画水墨画，我不想搞'中国玩意儿'。"② 他为什么会这么说呢？因为他不愿意重复18世纪西方人眼中固化的"中国趣味"或"中国风"。他要追求的是艺术的本质。

当时，有一位叫里奥佩尔的加拿大艺术家和赵无极有很深的感情。里奥佩尔去世以后，赵无极为里奥佩尔画了一幅画，这幅画的名字是《致敬我的朋友里奥佩尔》。这幅画在加拿大展出时，一位博物馆馆长在展览的序言中提到，里奥佩尔和赵无极都是抽象派画家，里奥佩尔的画让人感觉到加拿大的飓风吹了过来，而赵无极的画能够让人们体悟到东方宇宙的魅力。

赵无极还受到了著名画家保罗·克利的影响，赵无极的早期作品以风景画为主，后来他开始创作更多的抽象作品。赵无极在自传中也提到了保罗·克利，他写道："他对中国绘画的了解和喜爱是显然的。从这些描绘在多重空间里的小小符号中，浮现出一个令我叹为观止的世界。"③ 他还表示："西

---

① 赵无极，弗朗索瓦兹·马尔凯. 赵无极自传[M]. 邢晓舟，译. 上海：文汇出版社，2002：11.
② 同①：33.
③ 同①：55.

方绘画——眼前这幅画是最纯粹的例子——就是这样借鉴了一种我所熟悉的观察方式,而这种方式曾使我疑惑。"①

在接触到亨利·米修和保罗·克利等艺术家之后,赵无极开始重新审视中国传统艺术。这一转变标志着他的思想境界到达了一个新的高度。他曾表示:"我试图说明,不应像我过去那样否定传统,那是画家创作的起点因素之一,而并非终点。"②艺术家应当有自己独特的艺术品格,应当有敢于否定的勇气,但艺术家也不能什么都否定,对传统的重新认识和尊重也是很重要的。在《赵无极自传》中,赵无极也提到了亨利·米修。"米肖为我在纽约布迟(Patti Birch)画廊第一次展览所作的图录序言中也这样说:'欲露还掩,似断还连,颤抖的线条描绘出遐思的漫游和跃动,这便是赵无极所喜欢的。忽然间,画面带着中国城镇乡村的节日气氛,在一片符号中,快乐而滑稽地颤动。''符号',正是在这里,这个词第一次出现。"③

赵无极还曾经于1972年创作过一幅名为《纪念美琴》的画作。陈美琴是赵无极的第二任妻子,她的离世给赵无极带来了深深的痛苦,于是他通过创作这幅抽象画来纪念她。

---

① 赵无极,弗朗索瓦兹·马尔凯.赵无极自传[M].邢晓舟,译.上海:文汇出版社,2002:55.
② 同①:31.
③ 同①:54.

| 探知无界 | 中日法文化艺术之互鉴

  抽象艺术本身就是一种表现，而不是再现。在欣赏赵无极的《纪念美琴》时，我们不必过分纠结于画作描绘的是头发还是山峦，因为抽象艺术表达的是一种情绪，它就和音乐一样，不依赖于具体的物象。音乐中的"哆来咪发"不与生活中的任何具体事物对应，但我们却能在音乐中感受到高山流水的意境。

  在创作过程中，赵无极还在形式上进行了诸多创新尝试。他在作品中巧妙地运用了中国传统的椭圆形和扇形的艺术形

| 第三讲 | 20世纪东西方艺术家之间的碰撞与交流

式。此外,他善于运用中国传统的折页形式,并创作出了别具一格的折页作品。他最喜欢运用三折的表现形式,他也在创作中运用过两折或四折的表现形式。赵无极对色彩的运用也十分精妙,他在这方面深受亨利·马蒂斯、塞尚、毕加索等西方艺术大师的影响。中国古代绘画以运用黑白两色为主,即便艺术家在创作过程中运用了其他颜色,也往往局限于在青绿山水中添加一些简单的色彩;然而,汲取了东西方艺术精髓的赵无极将对色彩的运用提升到了全新的高度。

| 探知无界 | 中日法文化艺术之互鉴

　　色彩与空间的完美结合成就了赵无极独特的艺术风格。把赵无极的作品与其他抽象派艺术大师的作品进行比较后，我们就能感受到其作品的艺术特色。蒙德里安、尼古拉斯·德·斯塔尔、谢尔盖·波利雅科夫等西方抽象派大师的作品多以格子、鲜明的色彩和简洁的分割为主要的表现形式；而赵无极的作品则截然不同，他的作品呈现出的是一种道教式的天地劈开的景象，充满了东方哲学的韵味。赵无极的作品不禁让人想起了伟大的法国象征主义诗人兰波的作品中那

| 第三讲 | 20世纪东西方艺术家之间的碰撞与交流

句著名的诗句:"找到了!什么?永恒。那是太阳与海交相辉映。"我们确实能在赵无极的画作中感受到这种永恒的力量。

总而言之,亨利·米修与赵无极的作品尽管在表达形式上有所不同,但他们有着相似的艺术追求。亨利·米修从东方艺术中汲取灵感,同时,他也启发了赵无极,使之将东方艺术融入西方现当代绘画的实践中。我们可以从中感受到东西方文化交融的独特魅力和不同的文明在跨文化交流中所展现出的生命力。

| 探知无界 |　中日法文化艺术之互鉴

除上述案例，你还能想到哪些体现了东西方文化交流与碰撞的艺术作品或相关的艺术家？请举例说明。

请选择一件能够代表中国文化的物品，并策划一场面向外国友人的汇报展示活动。你需要在汇报展示中详细说明该物品的制作过程、发展历史、现状、文化内涵，以及其能够代表中国文化的原因，并尝试为该物品的国际化推广出谋划策，提出具有可行性的推广方案。

北大附中简介

北京大学附属中学（简称北大附中）创办于1960年，作为北京市示范高中，是北京大学四级火箭（小学－中学－大学－研究生院）培养体系的重要组成部分，同时也是北京大学基础教育研究实践和后备人才培养基地。建校之初，学校从北京大学各院系抽调青年教师组成附中教师队伍，一直以来秉承了北京大学爱国、进步、民主、科学的优良传统，大力培育勤奋、严谨、求实、创新的优良学风。

60多年的办学历史和经验凝炼了北大附中的培养目标：致力于培养具有家国情怀、国际视野和面向未来的新时代领军人才。他们健康自信、尊重自然、善于学习、勇于创新，既能在生活中关爱他人，又能热忱服务社会和国家发展。

北大附中在初中教育阶段坚持"五育并举、全面发展"的目标，在做好学段进阶的同时，以开拓创新的智慧和勇气打造出"重视基础，多元发展，全面提高素质"的办学特色。初中部致力于探索减负增效的教育教学模式，着眼于学校的高质量发展，在"双减"背景下深耕精品课堂，开设丰富多元的选修课、俱乐部及社团课程，创设学科实践、跨学科实践、综合实践活动等兼顾知识、能力、素养的学生实践学习课程体系，力争把学生培养成乐学、会学、善学的全面发展型人才。

北大附中在高中教育阶段创建学院制、书院制、选课制、走班制、导师制、学长制等多项教育教学组织和管理制度，开设丰富的综合实践和劳动教育课程，在推进艺术、技术、体育教育专业化的同时，不断探索跨学科科学教育的融合与创新。学校以"苦炼内功、提升品质、上好学年每一课"为主旨，坚持以学生为中心的自主学习模式，采取线上线下相结合的学习方式，不断开创国际化视野的国内高中教育新格局。

　　2023年4月，在北京市科协和北京大学的大力支持下，北大附中科学技术协会成立，由三方共建的"科学教育研究基地"于同年落成。学校确立了"科学育人、全员参与、学科融合、协同发展"的科学教育指导思想，由学校科学教育中心统筹全校及集团各分校科学教育资源，构建初高贯通、大中协同的科学教育体系，建设"融、汇、贯、通"的科学教育课程群，着力打造一支多学科融合的专业化科学教师队伍，立足中学生的创新素养培育，创设有趣、有价值、全员参与的科学课程和科技活动。